Piano · Vocal · Guitar

Norah Jones
feels like home

ISBN 0-634-07936-0

HAL•LEONARD®
CORPORATION
7777 W. BLUEMOUND RD. P.O. BOX 13819 MILWAUKEE, WI 53213

Visit Hal Leonard Online at
www.halleonard.com

SUNRISE

Words and Music by NORAH JONES
and LEE ALEXANDER

4

CODA

Piano solo ends

And

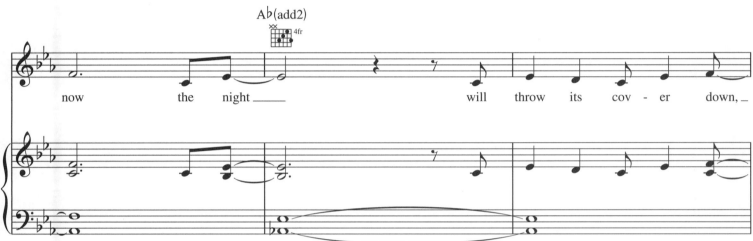

now the night _____ will throw its cov - er down, _

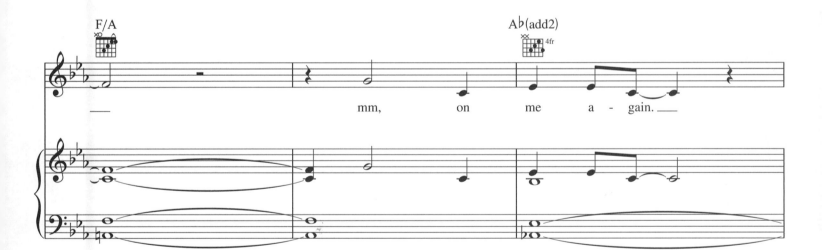

_ mm, on me a - gain. _

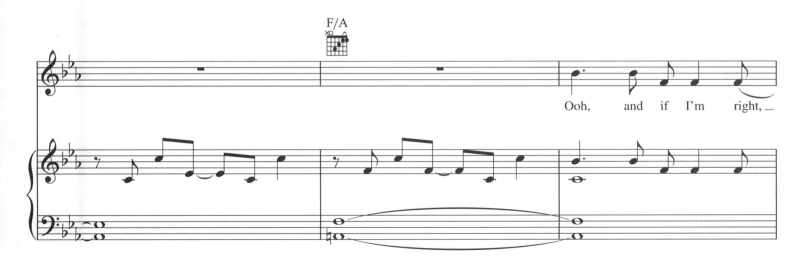

Ooh, and if I'm right, _

it's the on-ly way

to bring me back.

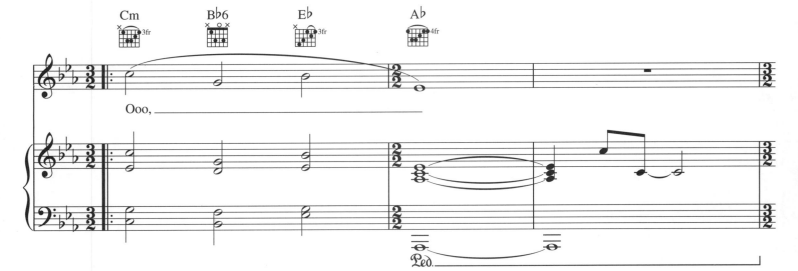

Ooo,

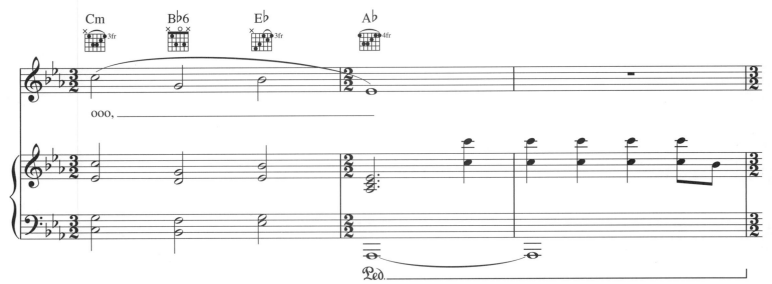

ooo,

WHAT AM I TO YOU

Words and Music by
NORAH JONES

What am I ___ to you? ___

Tell me, dar - lin' ___ true. ___

To me you are ___ the sea, ___ vast as you ___ can be, ___

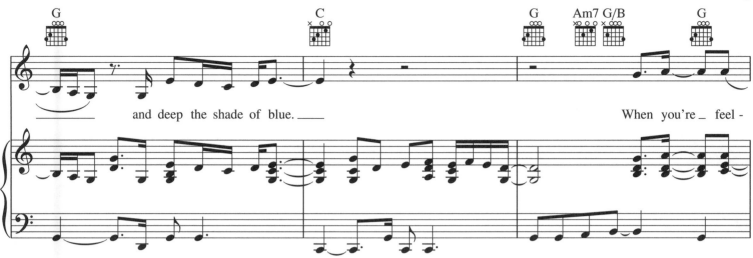

and deep the shade of blue.___ When you're __ feel -

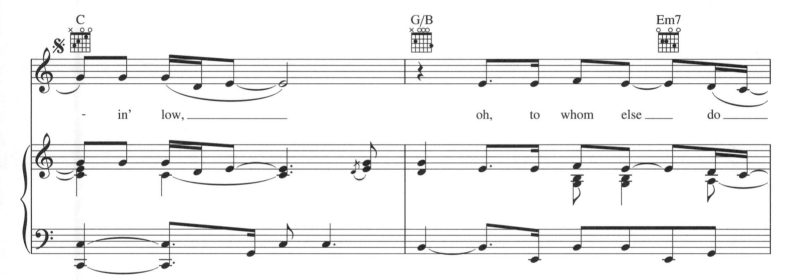

- in' low, _____ oh, to whom else ___ do ___

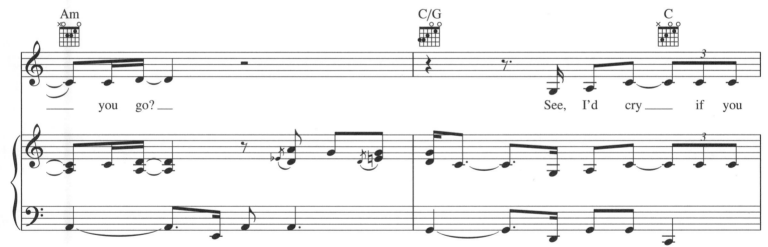

___ you go? ___ See, I'd cry ___ if you

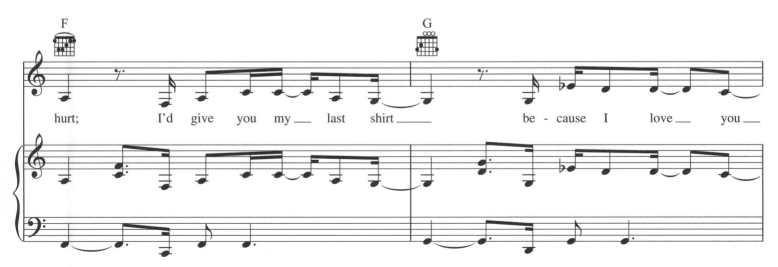

hurt; I'd give you my __ last shirt ___ be - cause I love __ you __

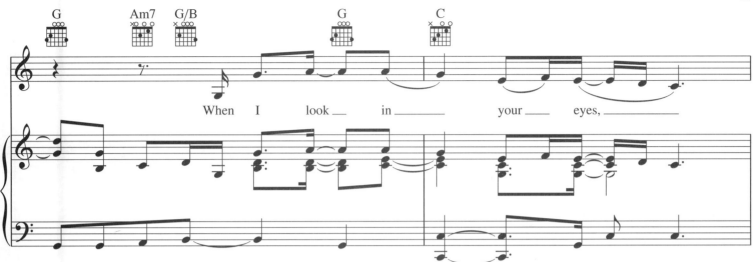

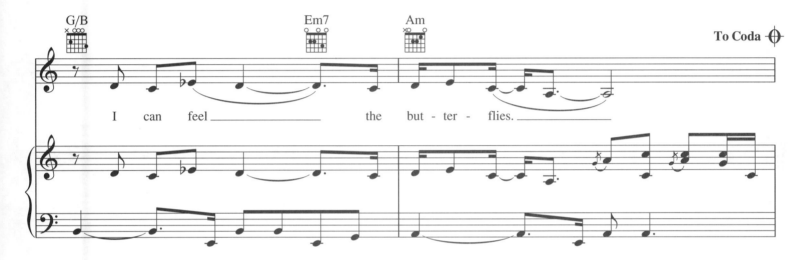

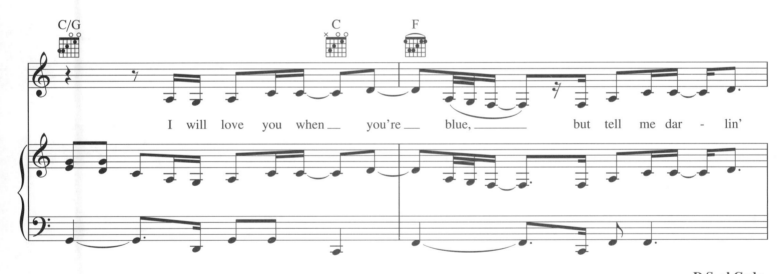

THOSE SWEET WORDS

Words and Music by LEE ALEXANDER
and RICHARD JULIAN

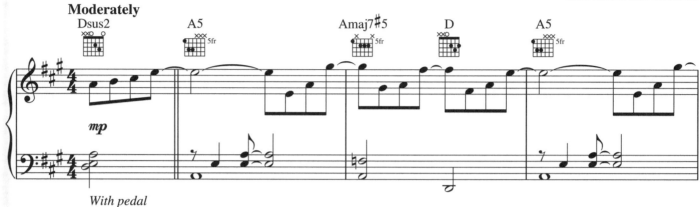

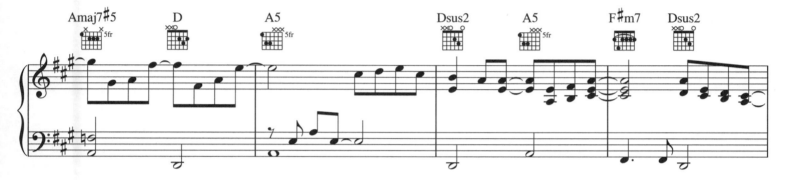

What did you say? _____ I know ____ the hour ____

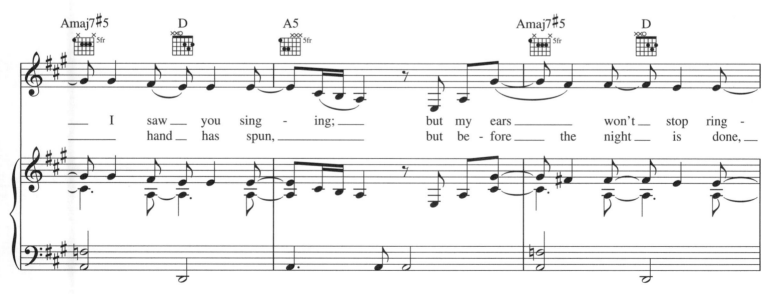

____ I saw ____ you sing - ing; ____ but my ears ____ won't stop ring -
____ hand has spun, _____ but be - fore ____ the night ___ is done, ____

and all I ____ know is, _____ I'm just glad to see you a - gain. __

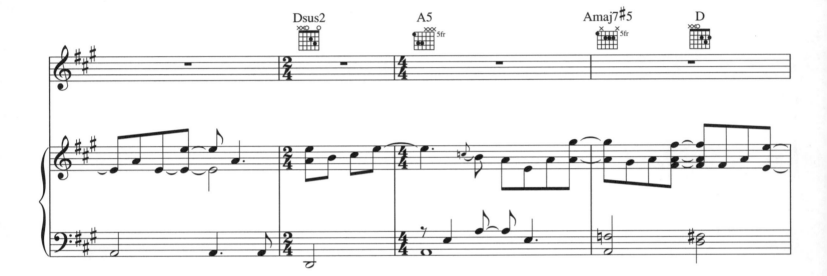

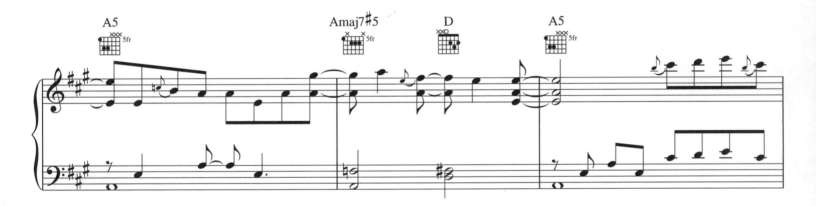

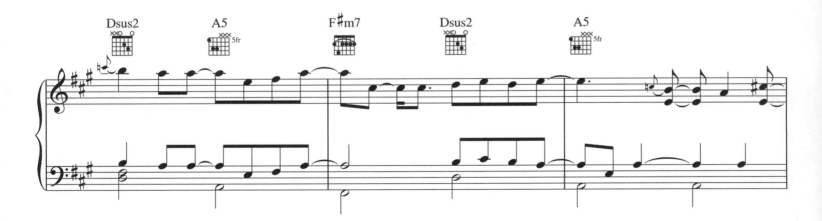

CARNIVAL TOWN

Words and Music by NORAH JONES
and LEE ALEXANDER

'Round 'n' 'round, ___ car-ou-sel ___ has
___ Fer-ris wheel; ___

got you un-der its spell;
tell me, how ___ does it feel

mov-ing so fast, ___
to be so high, ___

but go-ing ___ no - where. ___
look-ing ___ down here? ___

Up and down,

Is it lone - ly? ____ Lone - ly? ___

___ Lone - ly? ____

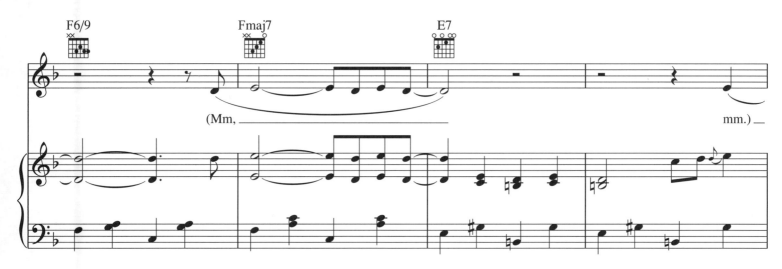

(Mm, _____ mm.) __

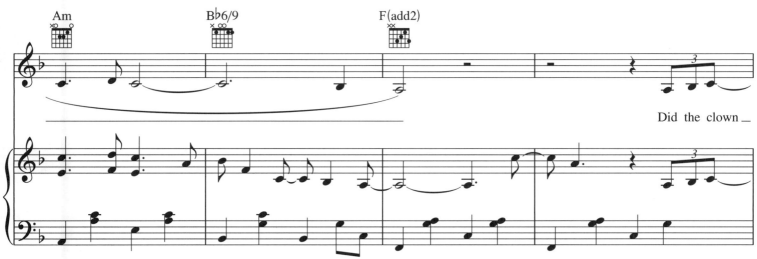

_____ Did the clown __

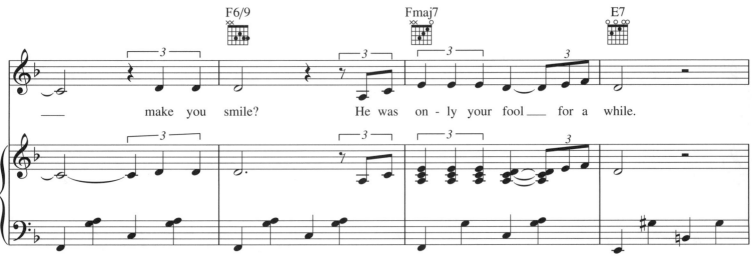

make you smile? He was on - ly your fool ___ for a while.

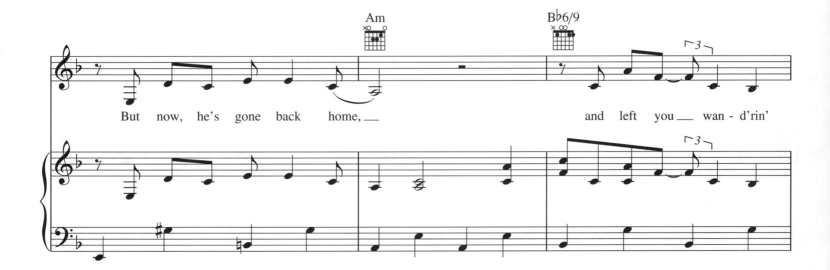

But now, he's gone back home, ___ and left you ___ wan - d'rin'

there.

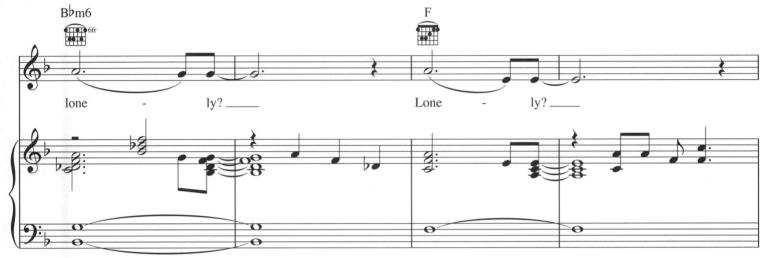

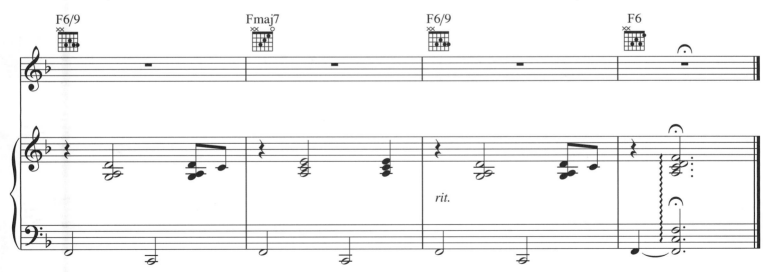

IN THE MORNING

Written by ADAM LEVY

I can't stop my-self from call - ing, call - ing out __ your name. __

I can't stop my-self from fall - ing, fall - ing back __ a - gain, __ in the morn -

-ing; ___ baby, in the af - ter - noon. ___

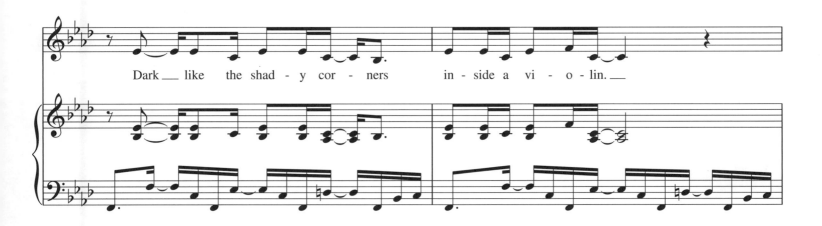

Dark ___ like the shad - y cor - ners in - side a vi - o - lin. ___

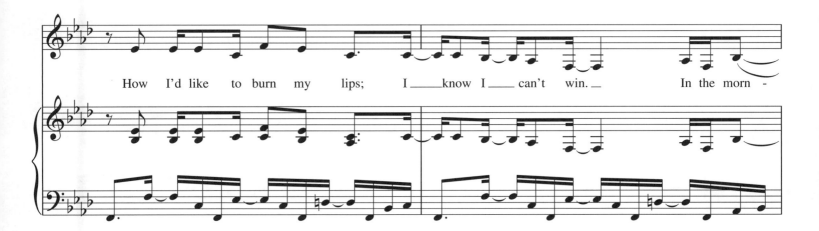

How I'd like to burn my lips; I ___ know I ___ can't win. ___ In the morn -

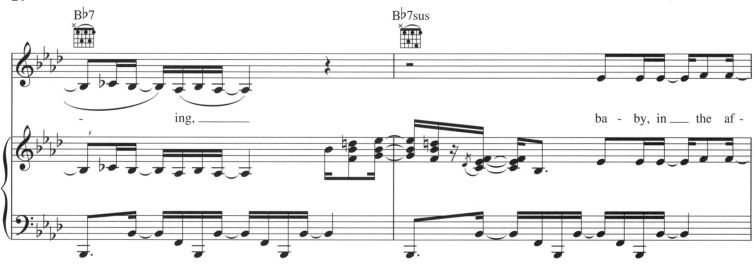

ing, _____ ba - by, in ___ the af -

ter - noon. _____

I tried to quit you, but I'm too weak; wak - ing up with-out you, I can hard - ly speak at all. __

Mm. _____

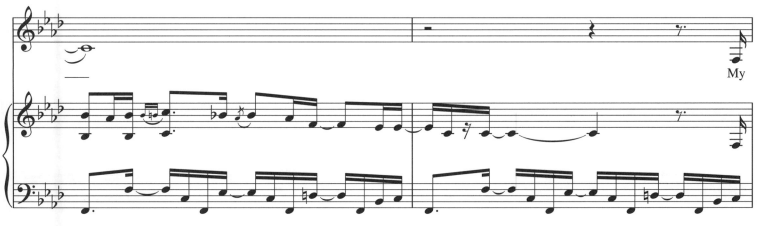

My

girl - friend tried to help __ me to get you off __ of my mind. __

She tried a lit - tle tea and sym - pa - thy to get me to __ un - wind. __ In the morn -

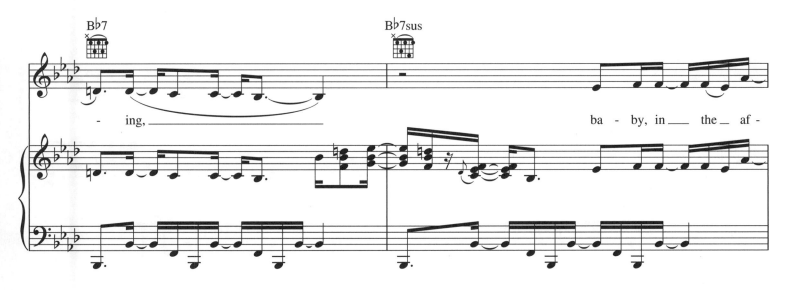

B♭7

B♭7sus

- ing, _____ ba - by, in __ the __ af -

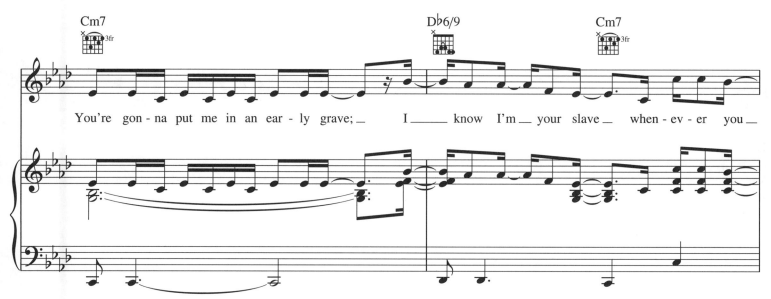

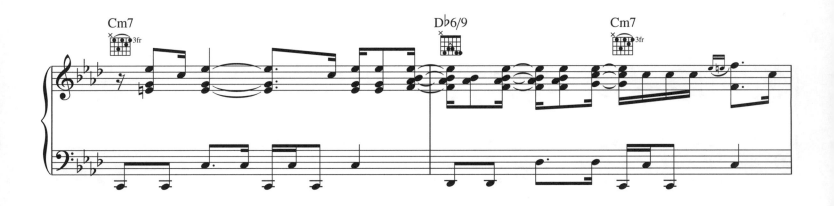

N.C.

I can't stop my - self from call - ing, call - ing out___ your name. ___

I can't stop my - self from fall - ing, fall - ing back___ a - gain. ___

Falling back a - gain, fall - ing back a - gain.

Falling back a - gain; fall - ing back a - gain.

fall - ing back a - gain, in the morn - ing.

BE HERE TO LOVE ME

Written by TOWNES VAN ZANDT

Bluesy

Your eyes seek con-clu-sion in all this con-
Chil - dren are danc-in'; the gam-blers are

fu - sion of mine,
chanc - in' their all.

though you and I both know
The win - dow's ac - cus - in' the

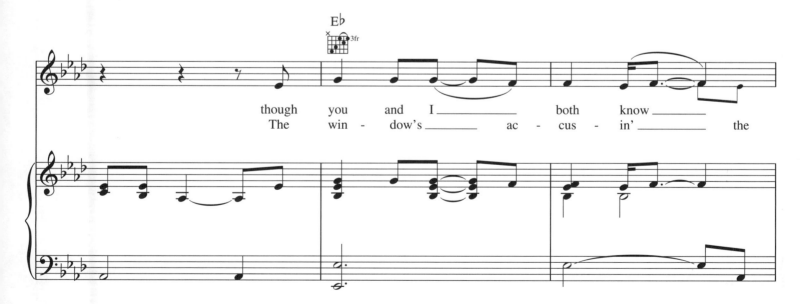

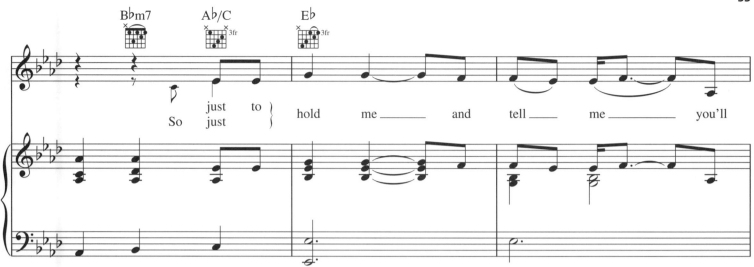

So just just to hold me _____ and tell _____ me _____ you'll

be here _____ to love me _____ to - day.

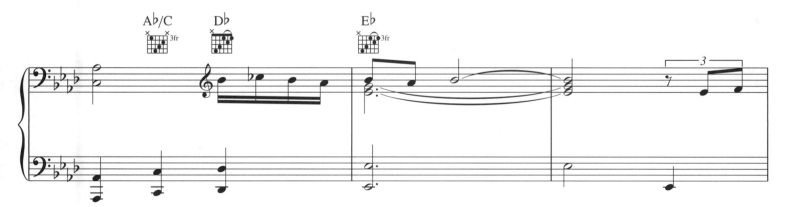

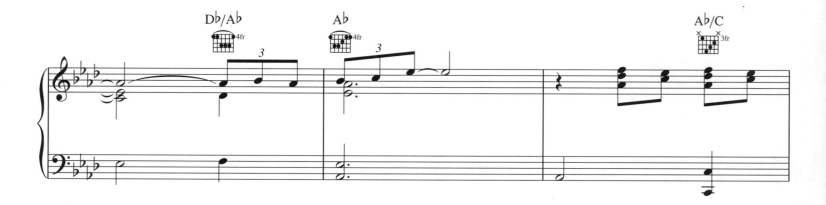

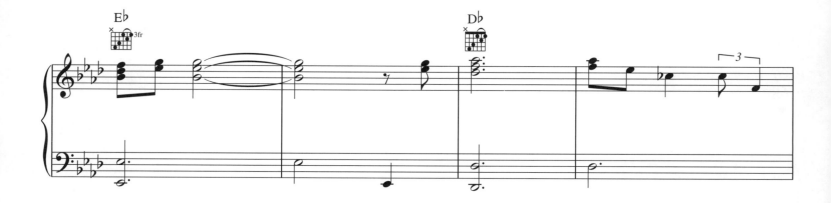

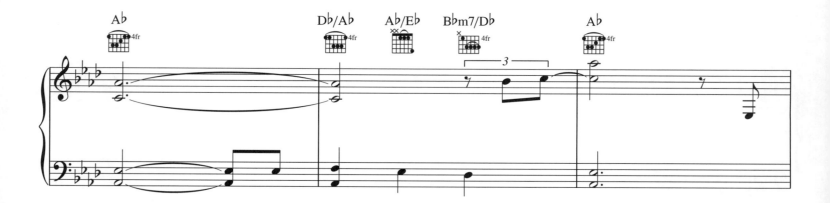

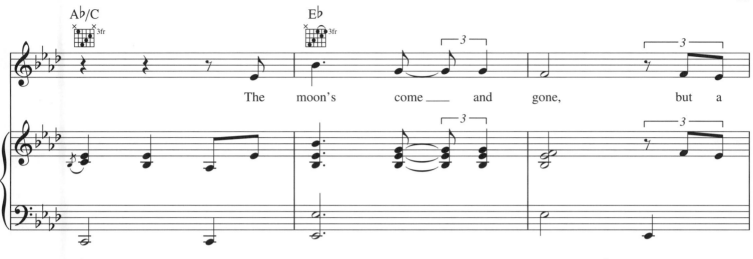

The moon's come ___ and gone, but a

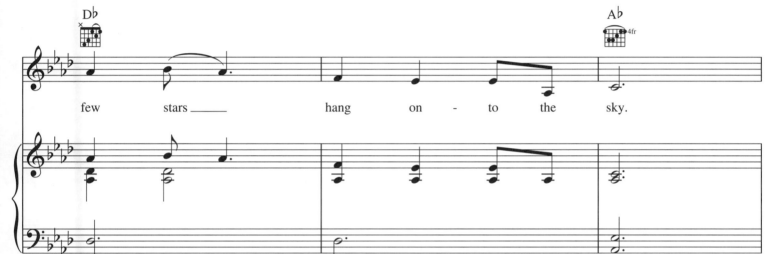

few stars ___ hang on - to the sky.

Well, the wind's run - nin'

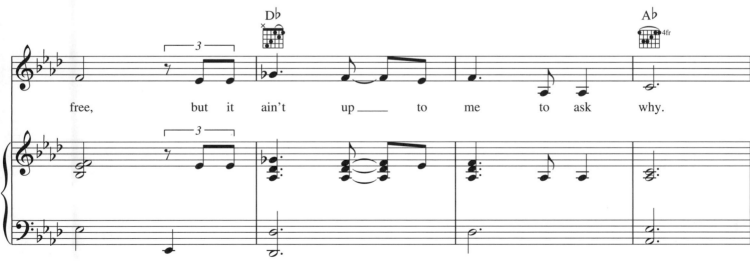

free, but it ain't up ___ to me to ask why.

love ___ me _____ to - day."
to - day.

Just

Just

hold me _____ and tell _____ me _____ you'll be here _____ to

love me _____ to - day.

rit.

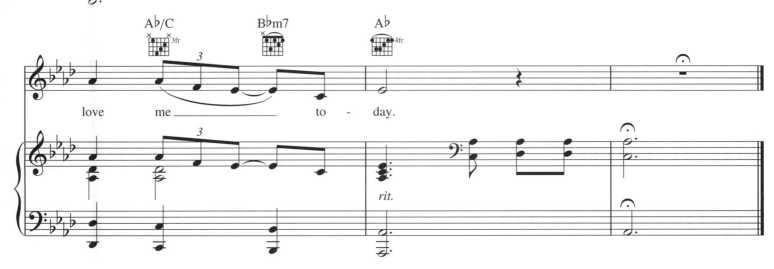

CREEPIN' IN

Words and Music by
LEE ALEXANDER

There's a big ol' hole

Instrumental solo

that goes right _____ through _____ the sole _____

of this old shoe; and the

wa - ter on the ground _____ ain't got no place else it's ___

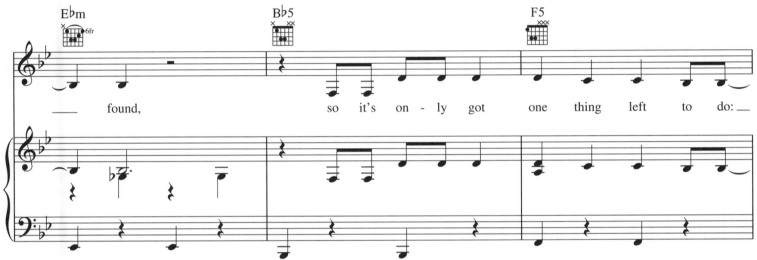

___ found, so it's on - ly got one thing left to do: ___

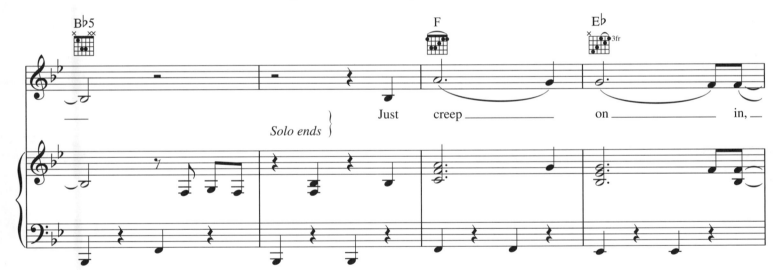

Solo ends

Just creep _____ on _____ in, ___

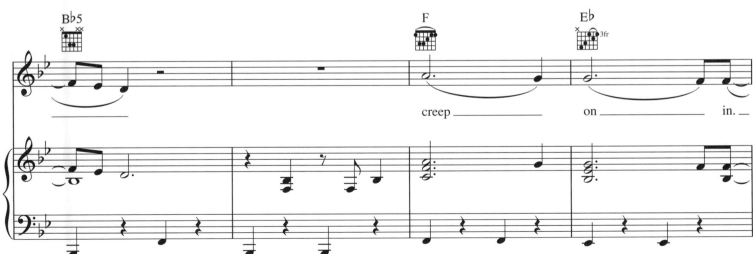

creep _____ on _____ in. ___

And once it has be - gun, _____ it won't

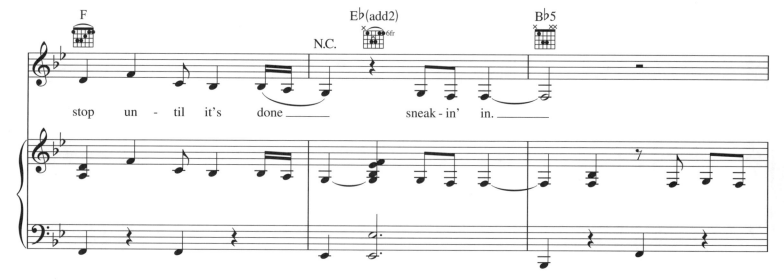

stop un - til it's done _____ sneak - in' in. _____

There's a sil - ver moon _____

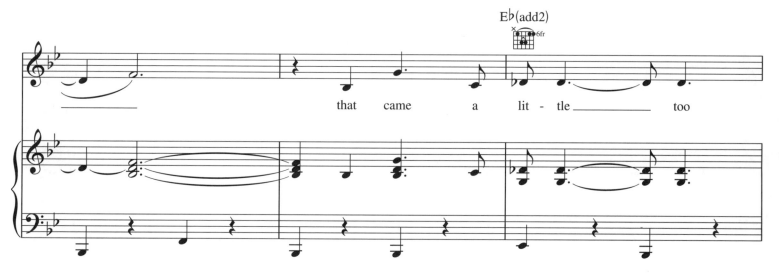

that came a lit - tle _____ too

on _____ in, _____

creep _____

_____ on in. _____

And once it has be - gun, _____

_____ it won't stop un - til it's done _____ sneak - in' in. _____

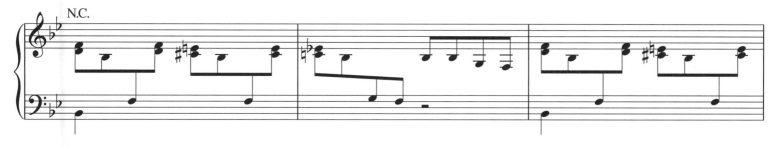

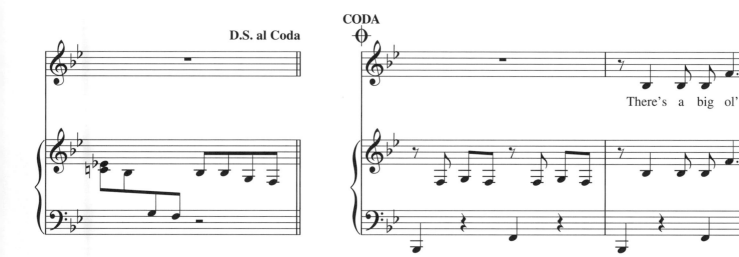

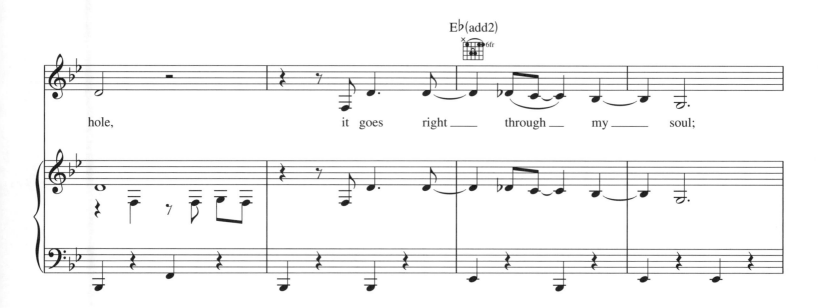

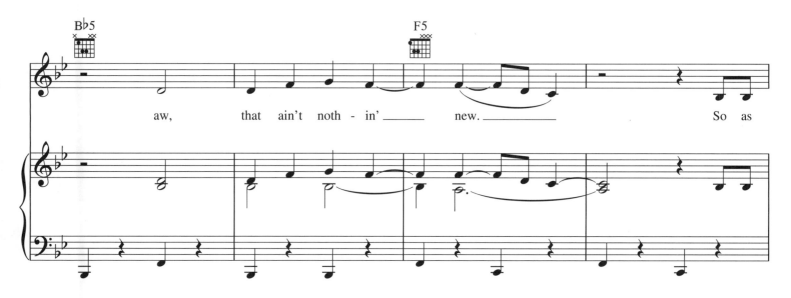

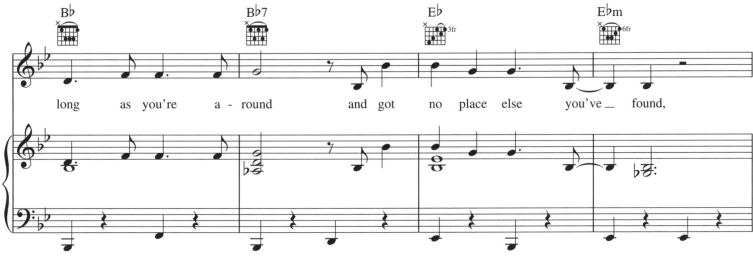

long as you're a-round and got no place else you've _ found,

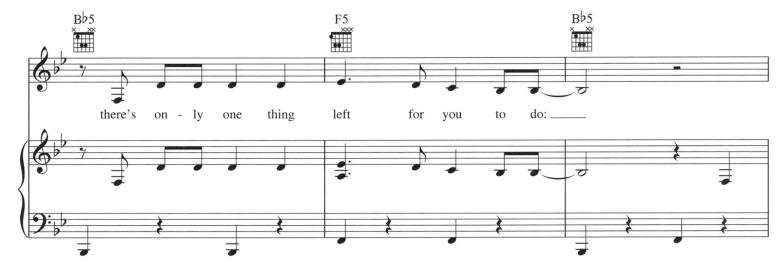

there's on-ly one thing left for you to do: _____

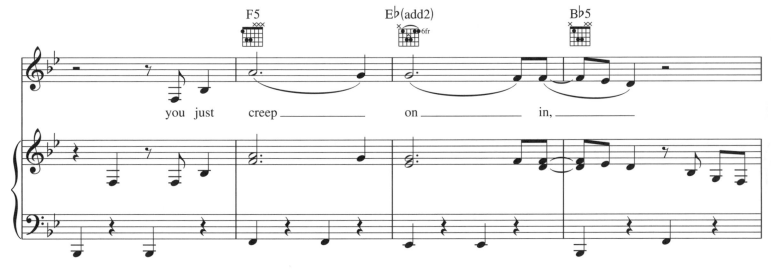

you just creep _____ on _____ in, _____

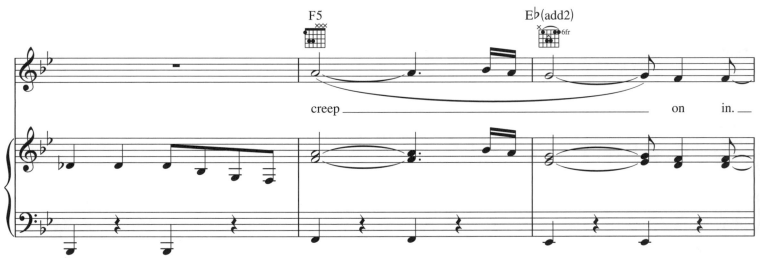

creep _____ on in. _

And once you have be - gun, _____ don't

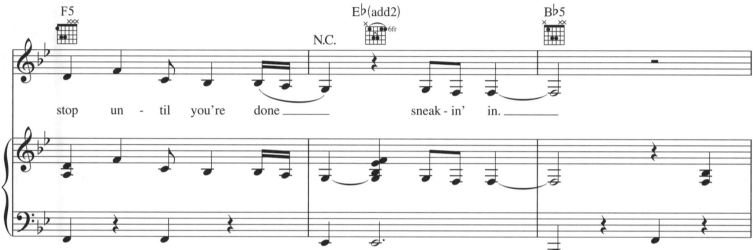

stop un - til you're done _____ sneak - in' in. _____

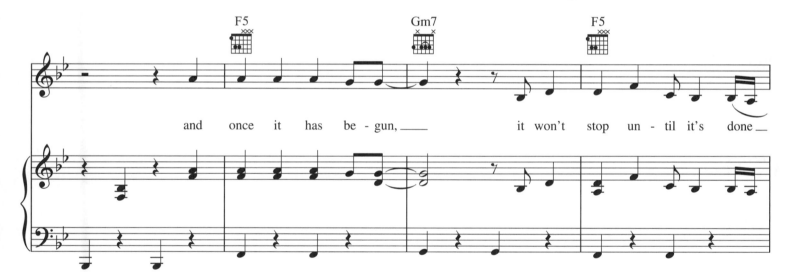

and once it has be - gun, _____ it won't stop un - til it's done _____

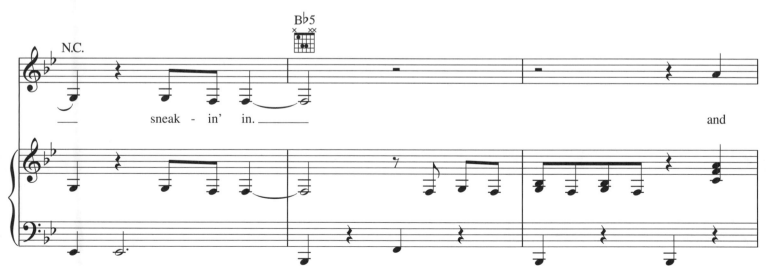

_____ sneak - in' in. _____ and

TOES

Words and Music by NORAH JONES
and LEE ALEXANDER

Moderately slow

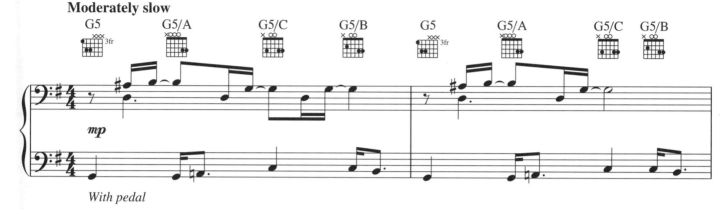

With pedal

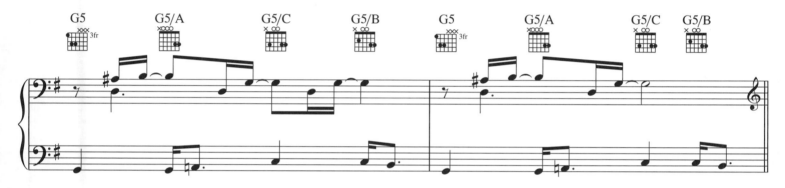

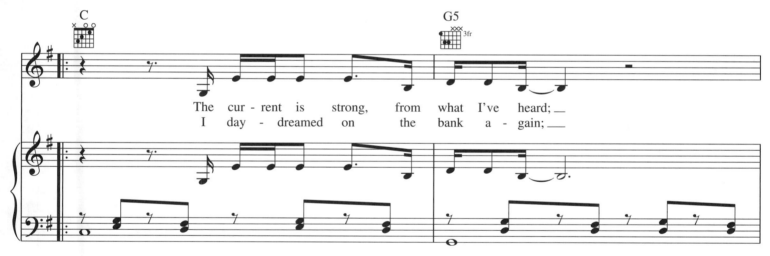

The cur - rent is strong, from what I've heard; ___
I day - dreamed on the bank a - gain; ___

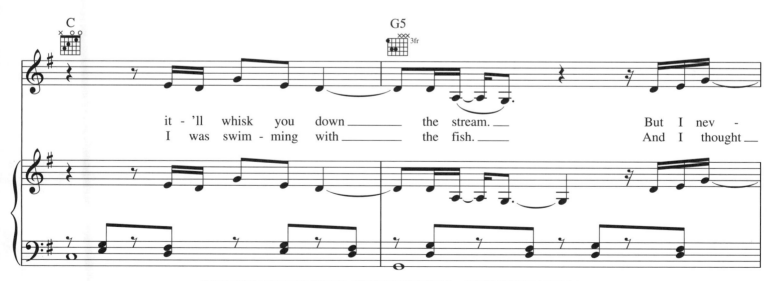

it - 'll whisk you down ___ the stream. ___ But I nev -
I was swim - ming with ___ the fish. ___ And I thought ___

- er seem _____ to have _____ the time; _____ so my
___ this time _____ that it may be true; _____ but my

toes just touch the wa - ter, my toes just touch the wa - ter.

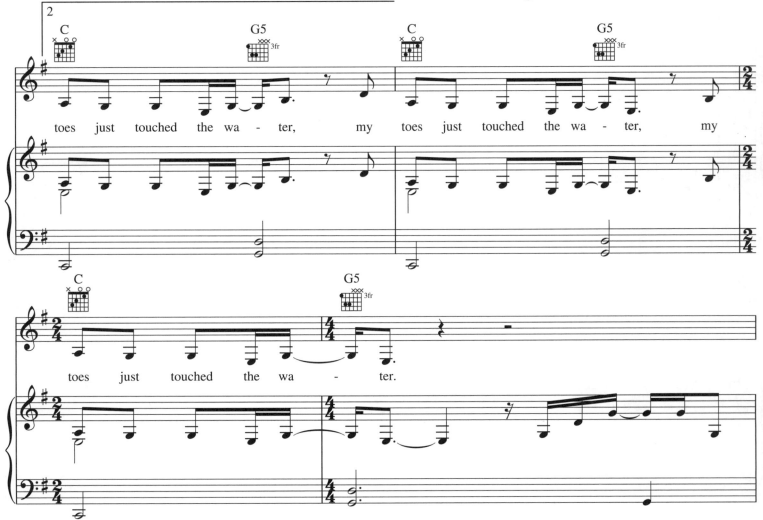

toes just touched the wa - ter, my toes just touched the wa - ter, my

toes just touched the wa - ter.

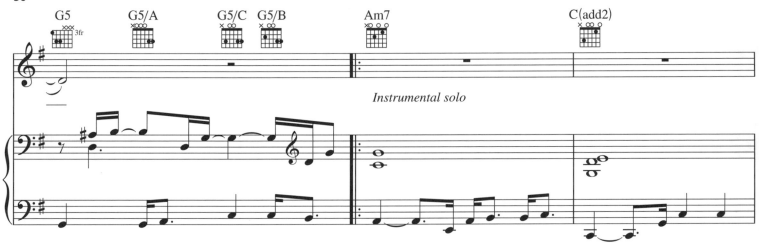

Instrumental solo

D.S. al Coda

Solo ends

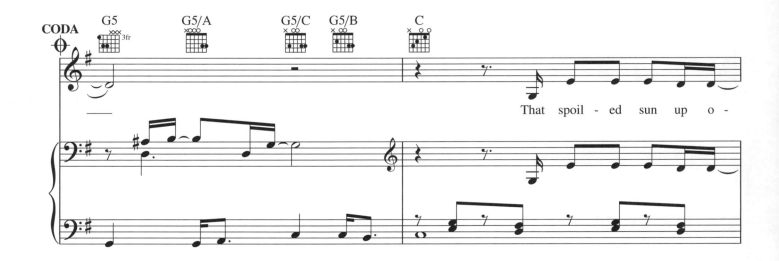

CODA

That spoil - ed sun up o -

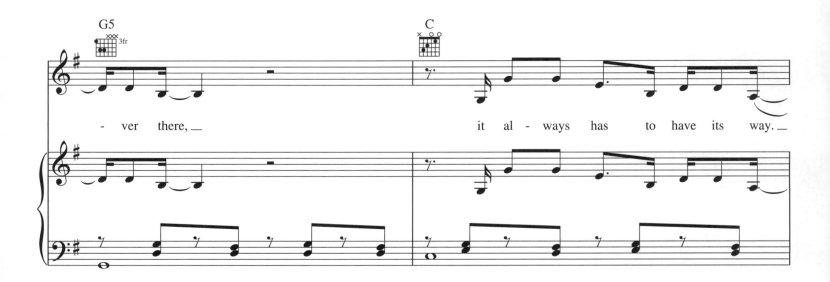

- ver there, ___   it al - ways has to have its way. ___

HUMBLE ME

Words and Music by
KEVIN BREIT

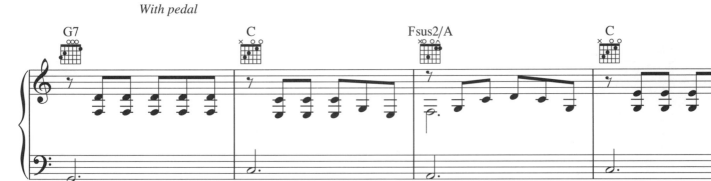

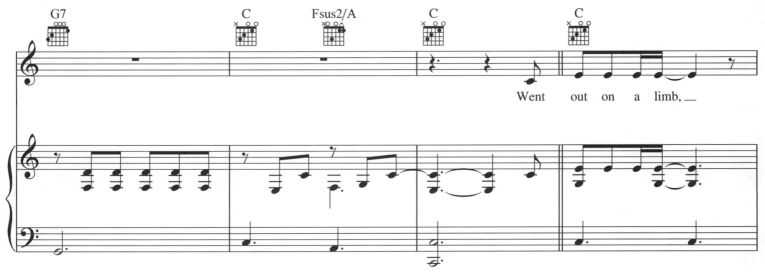

Went out on a limb, __

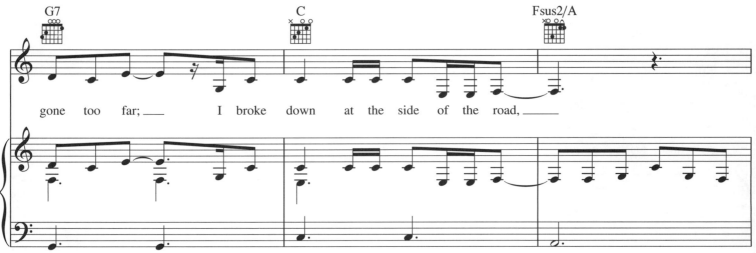

gone too far; __ I broke down at the side of the road, __

Original key: B major. This edition has been transposed up one half-step to be more playable.

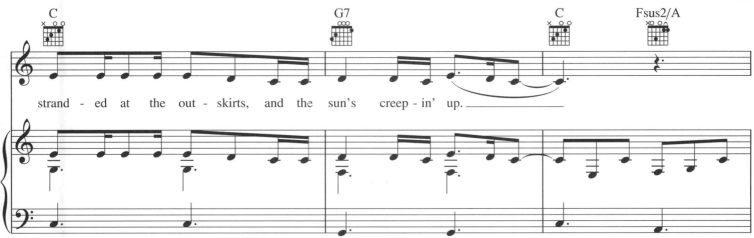

strand - ed at the out - skirts, and the sun's creep - in' up. _____

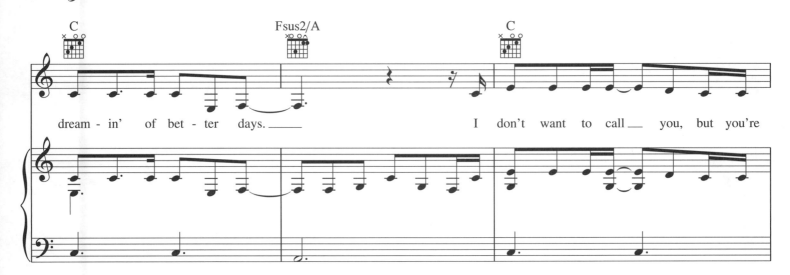

Ba - by's in the back seat, __ still fast a - sleep, __

dream - in' of bet - ter days. _____ I don't want to call __ you, but you're

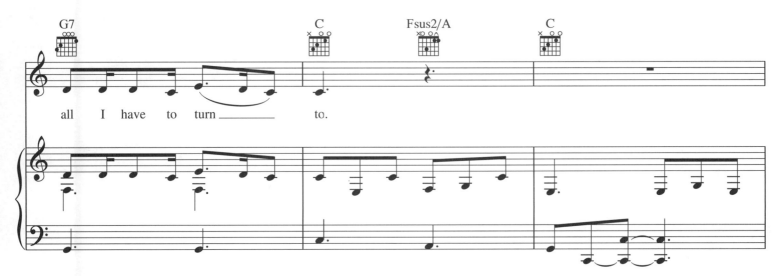

all I have to turn _____ to.

What do you say — when it's all gone a - way? — Ba - by, I did - n't mean to

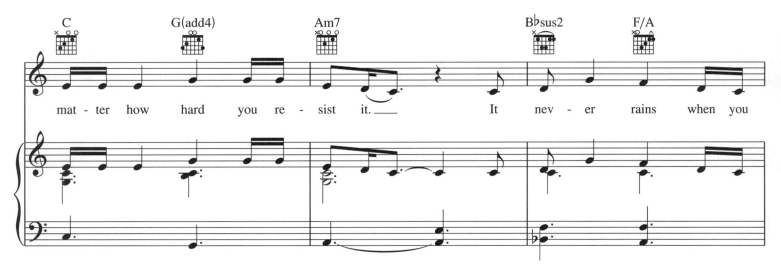

hurt you. _____ Truth spoke in whis - pers _____ will tear you a - part, _____ no

mat - ter how hard you re - sist it. _____ It nev - er rains when you

want it to. _____ You hum - ble me,

To Coda ⊕

please, please, ___ please, ___ for - give me. ___

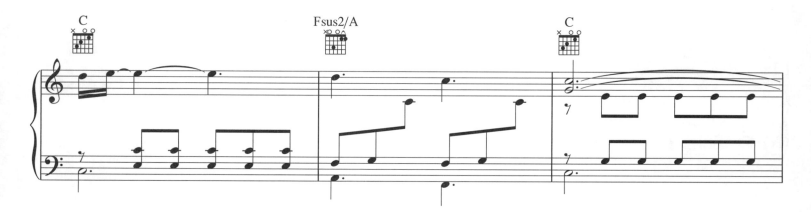

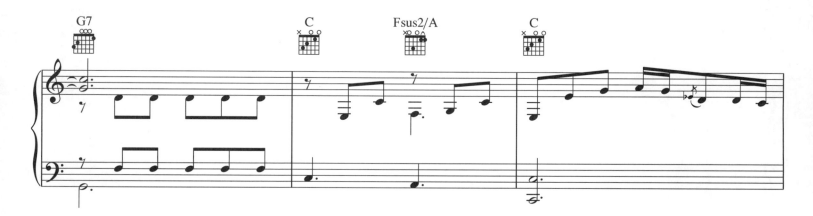

Ba - by Te - re - sa, she's got your eyes; __ I see you all the time. __

When she asks a - bout her dad - dy, __ I nev - er know what to say. __

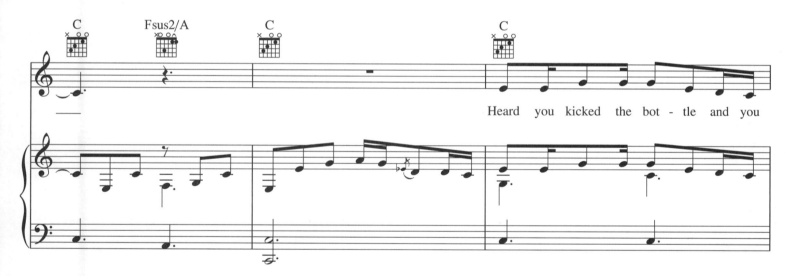

Heard you kicked the bot - tle and you

helped build the church; __ you car - ry an hon - est wage. __ Is it

true you have some-bod-y keep-ing_____ you com-pa-ny?_____

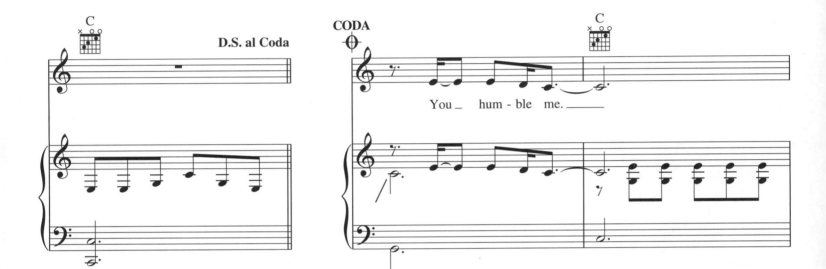

D.S. al Coda

CODA

You__ hum-ble me._____

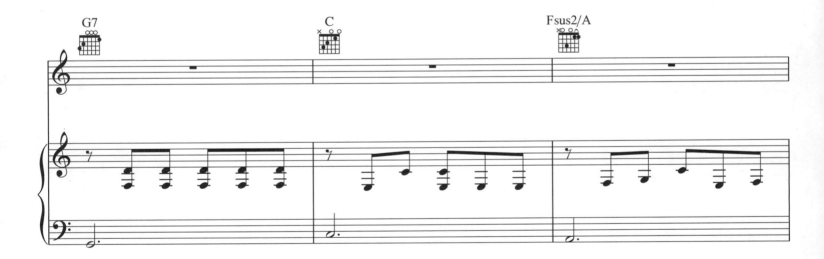

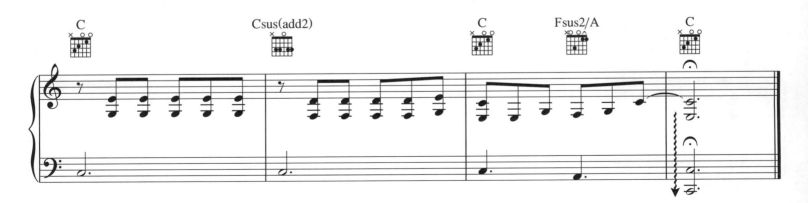

ABOVE GROUND

Written by ANDREW BORGER
and DARU ODA

and I think___ that I'm___ a lit - tle shy.___

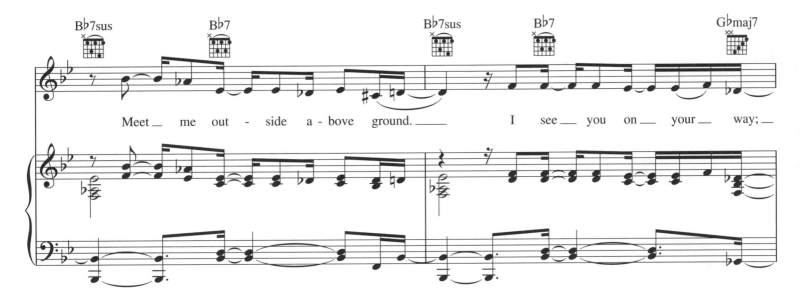

Meet___ me out - side a - bove ground.___ I see___ you on___ your___ way;___

___ I'll be ___ with you ___ some - day, ___ some - day. ___

Draw-ing lines__ a-bove__ my head;__ but the fan__ keeps spin-ning o-

ver me, just my thoughts__ to keep__ me com-pa-ny.__

Now I know__ I'm read-y; pour the night__ in-to__ a glass.__

__ Can I__ sip it slow__ and make it last?__

I'll be ___ with you ___ some - day, ___ I'll be ___ with you ___ some - day, ___

I'll be ___ with you ___ some - day, ___ I'll be ___ with you ___ some - day, ___

Instrumental solo

Repeat and Fade

Optional Ending

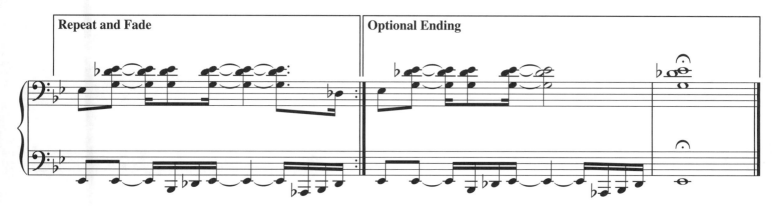

LONG WAY HOME

Words and Music by KATHLEEN BRENNAN
and TOM WAITS

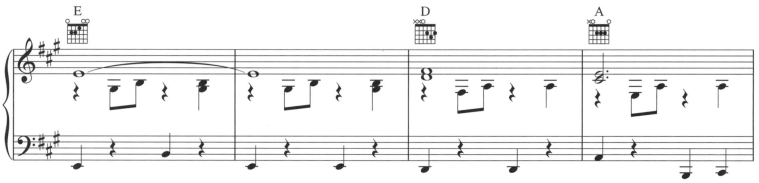

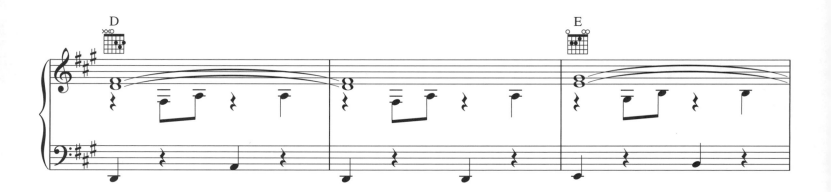

Solo ends You know I love you, ba - by, ___ more ___

___ than the whole ___ wide ___ world. I'm your wom - an; ___

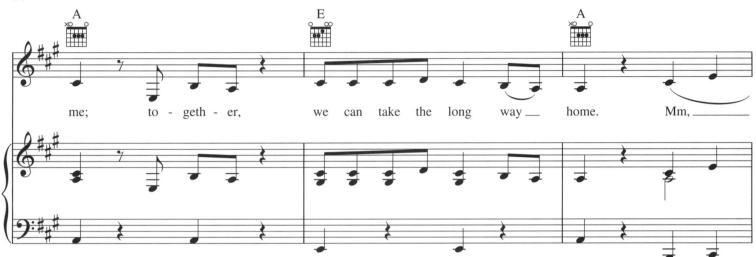

me; to - geth - er, we can take the long way home. Mm,

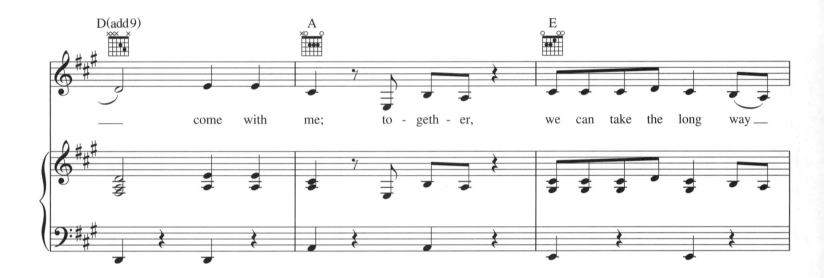

come with me; to - geth - er, we can take the long way

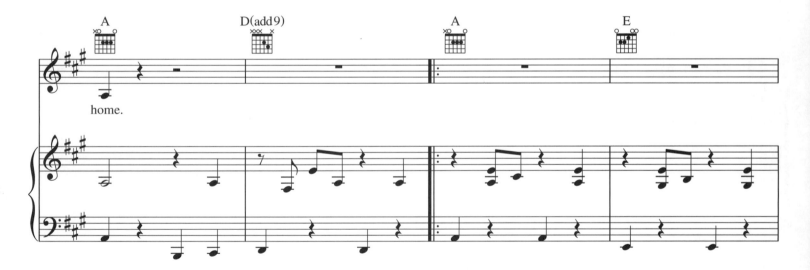

home.

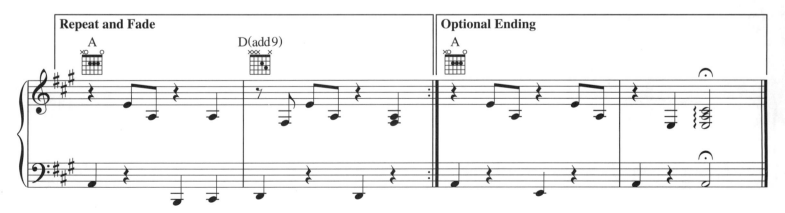

Repeat and Fade

Optional Ending

THE PRETTIEST THING

Words and Music by NORAH JONES,
LEE ALEXANDER and RICHARD JULIAN

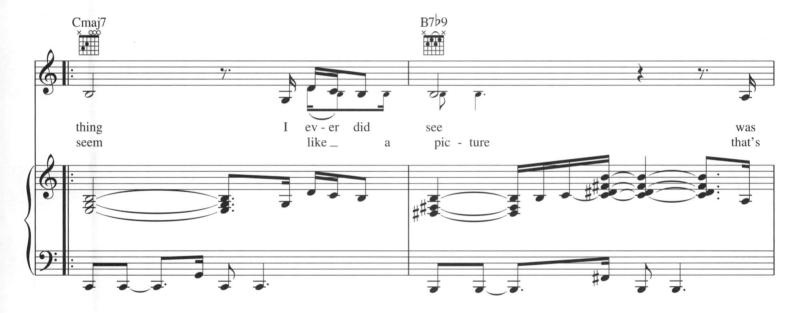

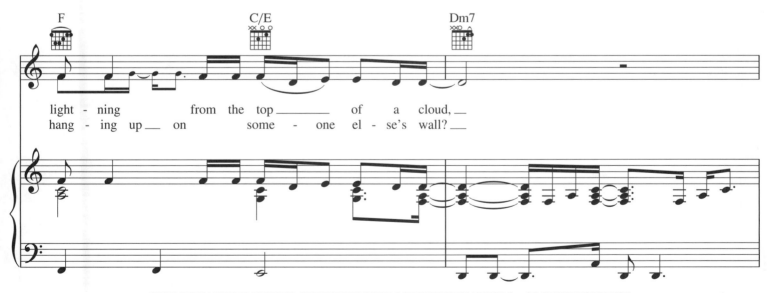

rust-y as ___ a nail ___ stuck in the old pine ___ floor. ___ It looks like

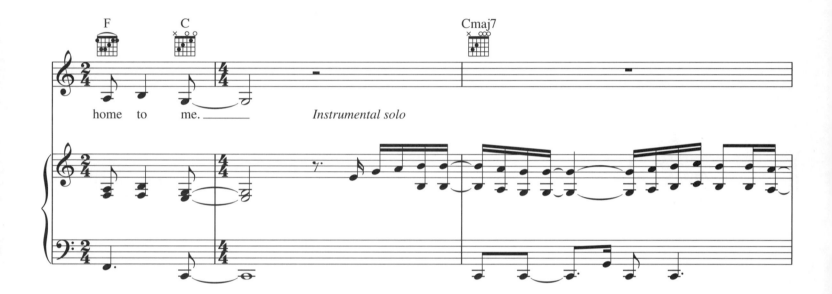

home to me. ___ *Instrumental solo*

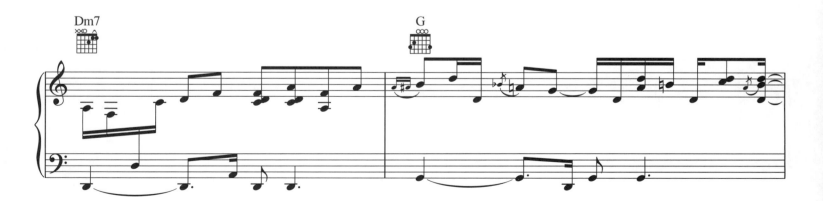

Solo ends Now I'm

dream - ing a - gain, _____

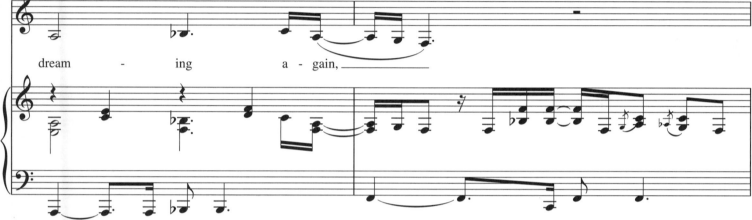

like ____ I've al - ways ____ been. _____

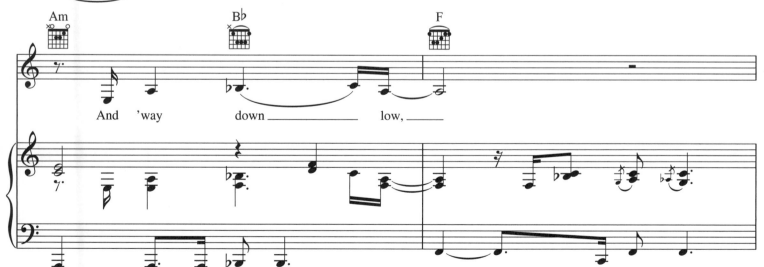

And 'way down _____ low, _____

I'm think - ing _____ of the pret - ti - est thing.

Instrumental solo

(Dream...) _____

Repeat ad lib.

Last Time

rit.

DON'T MISS YOU AT ALL

Words by NORAH JONES
Music by DUKE ELLINGTON

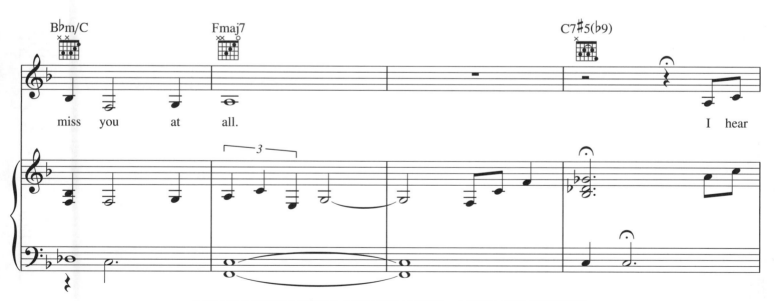

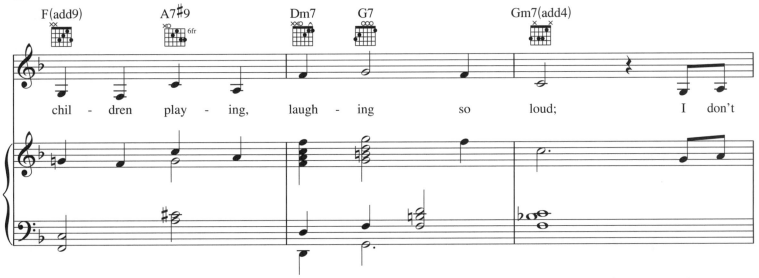

chil - dren play - ing, laugh - ing so loud; I don't

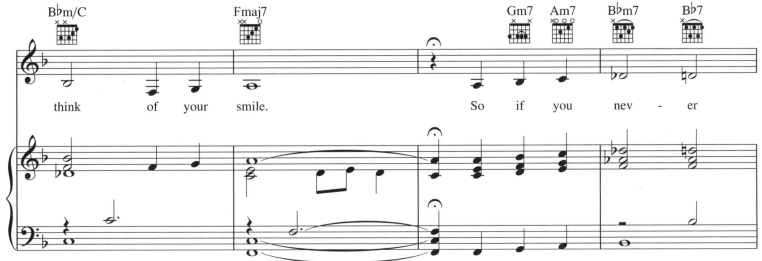

think of your smile. So if you nev - er

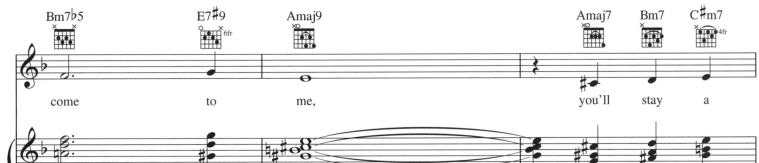

come to me, you'll stay a

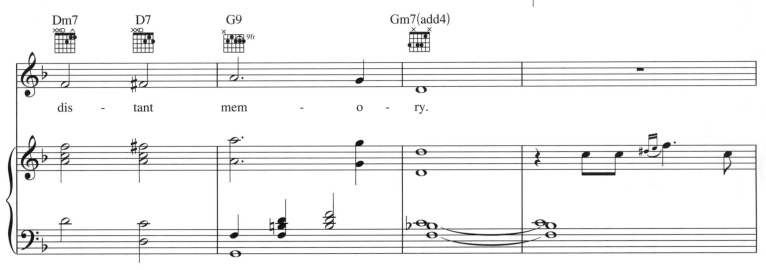

dis - tant mem - o - ry.

hand.   *Instrumental solo*

Solo ends And then I won - der who I

am   with - out the warm touch of your _____